Gedanken zum Glücklichsein

Die schönsten Zitate

von Antoine de Saint-Exupéry

arsEdition

(…) damit ein Blütentraum
entstehen kann,
muss zunächst ein Baum da sein,
und damit ein Mensch
glücklich sein kann,
muss er zunächst Mensch sein.

DIE STADT IN DER WÜSTE

Bejahe den Tag,
wie er dir geschenkt wird,
statt dich am
Unwiederbringlichen
zu stoßen.

DIE STADT IN DER WÜSTE

Wenn du das Wort Glück begreifen willst, musst du es als Lohn und nicht als Ziel verstehen, denn sonst hat es keine Bedeutung.

DIE STADT IN DER WÜSTE

Und dennoch
durfte ich entdecken,
wie reich an Träumen ich war.
Sie kamen zu mir, lautlos
wie das Wasser einer Quelle,
sodass ich zuerst das
Glücksgefühl nicht zu deuten
wusste, das mich durchdrang.

WIND, SAND UND STERNE

Ich aber kenne
nicht den Menschen,
sondern Menschen.
Nicht die Freiheit,
sondern freie Menschen.
Nicht das Glück,
sondern glückliche Menschen.
Nicht die Schönheit,
sondern schöne Dinge.

DIE STADT IN DER WÜSTE

Ich fühlte das Bedürfnis,
diejenigen, deren ich zu
meiner Orientierung bedurfte,
fester und dauerhafter
zu empfinden als mich selbst.
Um zu wissen,
wohin ich zurückkehre.
Um zu leben.

BEKENNTNIS EINER FREUNDSCHAFT

Lange Zeit hast du, um dich zu zerstreuen, nichts anderes gehabt als die Lieblichkeit der Sonnenuntergänge.

DER KLEINE PRINZ

Wie wenig Lärm
machen die wirklichen Wunder!
Wie einfach sind
die wesentlichen Ereignisse.

BEKENNTNIS EINER FREUNDSCHAFT

Wichtig allein ist die Weite
der Seele – der Seele mit
ihren Wettern, ihren Bergen,
ihren Einöden des Schweigens,
ihren Schneeschmelzen,
ihren Blumenhängen, ihren
schlafenden Wassern:
All das ist eine unsichtbare
und erhabene Bürgschaft.
Und auf ihr beruht dein Glück
und du kannst dich
nicht mehr davon trennen.

DIE STADT IN DER WÜSTE

Gleichheit ist nur noch ein sinnloses Wort, wenn nichts vorhanden ist, worin sich diese Gleichheit knüpfen lässt.

FLUG NACH ARRAS

Frieden bedeutet, in einem Gesicht zu lesen, das sich hinter den Dingen zeigt, wenn sie ihren Sinn und ihren Platz bekommen haben.

FLUG NACH ARRAS

Ein Lächeln ist oft das Wesentliche. Man wird mit einem Lächeln bezahlt. Man wird mit einem Lächeln belohnt. Man wird durch ein Lächeln belebt.

BEKENNTNIS EINER FREUNDSCHAFT

Ich muss wohl zwei
oder drei Raupen
aushalten, wenn ich
die Schmetterlinge
kennenlernen will.
Auch das scheint
sehr schön zu sein.

DER KLEINE PRINZ

Mein Freund hat seinen
eigenen Gesichtspunkt. (...)
Er kann schweigen und mich
immer noch glücklich machen.
Ich betrachte dann
die Welt auf seine Weise
und sehe sie anders.

DIE STADT IN DER WÜSTE

Du wirst nicht den Frieden
finden, wenn du nichts verwandelst,
wie es dir gemäß ist. Wenn du nicht
zu Gefährt, Weg und Beförderung wirst.

DIE STADT IN DER WÜSTE

Ihr seid, wie mein Fuchs war.
Der war nichts als ein Fuchs
wie hunderttausend andere.
Aber ich habe ihn zu
meinem **Freund** gemacht und
jetzt ist er einzig in der Welt.

DER KLEINE PRINZ

»Du musst sehr geduldig sein«,
antwortete der Fuchs.
»Du setzt dich zuerst ein wenig
abseits von mir ins Gras.
Ich werde dich verstohlen, so
aus dem Augenwinkel anschauen
und du wirst nichts sagen.
Die Sprache ist die Quelle der
Missverständnisse. Aber jeden
Tag wirst du dich ein bisschen
näher setzen können ... «

DER KLEINE PRINZ

Es war mein Wunsch, vor allem das Glück kennenzulernen. (…) Man spürt das Glück innerlich wie eine Frucht, die von ihrem Geschmack voll ist.

DIE STADT IN DER WÜSTE

Denn der kommt am weitesten
und hat den größten Erfolg,
der sich am meisten
mit sich selber abmüht.
Darum sollt ihr euch vor allem
um die Liebe kümmern.

DIE STADT IN DER WÜSTE

Weißt du nicht mehr, dass
die Suche nach Glück niemals
Voraussetzung des Glücks ist?
Du würdest dich niedersetzen,
denn du wüsstest nicht,
wohin du gehen sollst.
Wenn du erschaffen hast,
wird dir das Glück
als Lohn gewährt.

DIE STADT IN DER WÜSTE

*Ich habe die Wüste immer geliebt.
Man setzt sich auf eine Sanddüne.
Man sieht nichts. Man hört nichts.
Und währenddessen strahlt etwas
in der Stille.*

DER KLEINE PRINZ

Sollte ich die Summe der Stunden
ziehen, die in meinem Leben zählen,
so finde ich gewiss nur solche,
die mir kein Vermögen der Welt
je verschafft hätte.

WIND, SAND UND STERNE

Stille des Herzens.
Stille der Sinne.
Stille der inneren Worte,
denn es ist gut,
wenn du Gott wiederfindest,
der die Stille im Ewigen ist.
Wenn alles gesagt,
wenn alles getan ist.

DIE STADT IN DER WÜSTE

Ich frage mich,

ob die Sterne leuchten,

damit jeder eines Tages

den seinen wiederfinden kann.

DER KLEINE PRINZ

Diese Sternstunden aber
lassen eine so tiefe Sehnsucht
im Herzen zurück,
dass manche Menschen
Heimweh nach ihren trübsten
Zeiten fühlen, wenn diese
ihren Freuden entsprossen sind.

WIND, SAND UND STERNE

Seine Arbeit hat wenigstens **einen Sinn.** Wenn er seine Laterne anzündet, so ist es, als setzte er einen neuen Stern in die Welt, oder eine Blume. Wenn er seine Laterne auslöscht, so schlafen Stern oder Blume ein. Das ist eine hübsche Beschäftigung.

DER KLEINE PRINZ

Wenn du eine Blume liebst,
die auf einem Stern wohnt,
so ist es schön, bei Nacht
den Himmel zu betrachten.
Alle Sterne sind voll Blumen.

Mein Stern wird für
dich einer der Sterne sein.
Dann wirst du alle Sterne
gern anschauen ...
Alle werden sie
deine Freunde sein.

DER KLEINE PRINZ

Das Wesentliche ist, dass
das, wovon man gelebt hat,
irgendwo weiterbesteht.
Und die überlieferten
Gewohnheiten. Und das
Familienfest. Und das Haus
der Erinnerungen.
Das Wesentliche ist, dass
man für die Rückkehr lebt.

BEKENNTNIS EINER FREUNDSCHAFT

Doch, das Alter eines Menschen ist eindrucksvoll. Es enthält sein ganzes Leben. Die Reife, die nun sein ist, ist langsam entstanden (…). Sie ist quer durch Wünsche, Hoffnungen und Sehnsüchte, durch viel Vergessen und viel Liebe hindurch gewachsen. Ja, das Alter eines Menschen, es bedeutet eine schöne Fracht von Erfahrungen und Erinnerungen!

BEKENNTNIS EINER FREUNDSCHAFT

Wenn der Zufall die Liebe erweckt, ordnet sich im Menschen alles nach dieser Liebe, und die Liebe bringt ihm das Gefühl für die Weite.

FLUG NACH ARRAS

Ich kann nicht
außerhalb der Liebe leben.
Ich habe niemals geredet
noch gehandelt
noch geschrieben,
wenn nicht aus Liebe.

BEKENNTNIS EINER FREUNDSCHAFT

Du kennst nicht die Stunde des Besuches, aber du musst wissen, dass er allein in der Welt die Macht hat, dich **mit Glück** zu erfüllen.

DIE STADT IN DER WÜSTE

Du bist mitten in
deinem Handeln drin.
Dein Handeln bist du
selbst. Du findest dich
sonst nirgends mehr.

FLUG NACH ARRAS

*Es ist wundersam,
wie man sich jeder Lage anpasst.*

WIND, SAND UND STERNE

So fühlst du dich gespannt und
belebt von dem Feld der Kräfte,
die dich anziehen und abstoßen,
dich treiben und dir widerstreben.
So bist du verankert, gut
eingepasst, genau justiert
in den Mittelpunkt der
Himmelsrichtungen.

BEKENNTNIS EINER FREUNDSCHAFT

In der Tat gab es auf dem Planeten des kleinen Prinzen wie auf allen Planeten gute Gewächse und schlechte Gewächse. (…) Aber die Samen sind unsichtbar. Sie schlafen geheimnisvoll in der Erde, bis es einem von ihnen einfällt aufzuwachen.

Dann streckt er sich und treibt zuerst schüchtern einen entzückenden kleinen Spross zur Sonne, einen ganz harmlosen.

DER KLEINE PRINZ

Der ganze Tag
erscheint schön,
gleich Straßen,
die zum Meer führen.

WIND, SAND UND STERNE

Die Schönheit wird, und ebenso das Glück.

DIE STADT IN DER WÜSTE

Denn man erwartet nichts von sich selber, sondern nur von etwas anderem, das außerhalb des eigenen Ich liegt.

DIE STADT IN DER WÜSTE

Lass also die Zukunft
wie einen Baum gedeihen,
der nach und nach seine
Zweige entfaltet.

DIE STADT IN DER WÜSTE

Zuweilen macht es ja wohl nichts aus, wenn man seine Arbeit auf später verschiebt.

DER KLEINE PRINZ

… aber die Blume wurde nicht fertig damit, sich in ihrer grünen Kammer auf ihre Schönheit vorzubereiten. Sie wählte ihre Farben mit Sorgfalt, sie zog sie langsam an, sie ordnete ihre Blütenblätter eins nach dem andern.

DER KLEINE PRINZ

Wir genossen eine Art
vollkommenen Zustandes,
in dem wir uns nichts mehr
anzuvertrauen hatten –
alle Wünsche waren erfüllt.
Wir fühlten uns rein,
aufrichtig, klar und milde.

BEKENNTNIS EINER FREUNDSCHAFT

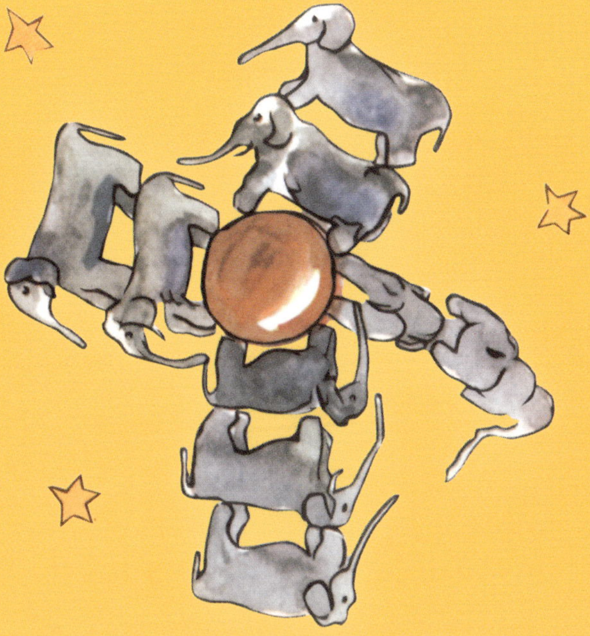

Ich liebe die Sonnenuntergänge sehr. Komm, lass uns einen Sonnenuntergang anschauen …

DER KLEINE PRINZ

*Man kann
nicht mehr leben
ohne Poesie,
ohne Farbe,
ohne Liebe.*

BRIEF AN EINEN GENERAL

Glücklich,
wer mit Schätzen beladen ist …

DIE STADT IN DER WÜSTE

Zu dir kann ich kommen (…). In deiner Nähe muss ich mich nicht entschuldigen, nicht verteidigen, muss ich nichts beweisen; (…) über meine ungeschickten Worte, über die Urteile hinweg, die mich irreführen können, siehst du in mir einfach den Menschen.

BEKENNTNIS EINER FREUNDSCHAFT

Die Zeit,
die du für deine Rose
verloren hast,
sie macht deine Rose
so wichtig.

DER KLEINE PRINZ

Du bist zeitlebens für das
verantwortlich, was du dir
vertraut gemacht hast.
Du bist für deine Rose
verantwortlich …

DER KLEINE PRINZ

Denn es ist gerecht, dass ich
zugleich empfange, während
ich schenke – vor allem,
weil ich dadurch im Schenken
fortfahren kann. Ich segne
diesen Austausch zwischen
Gabe und Gegengabe,
der es gestattet, auf dem Weg
weiterzuschreiten und noch
weiterhin zu schenken.

DIE STADT IN DER WÜSTE

Das Geschenk des Lebens
ist unschätzbar, und
ich bin es mir schuldig, sein
Licht in mir zu bewahren.

DIE STADT IN DER WÜSTE

Wenn ich das Glück umschreiben wollte, würde ich vielleicht sagen, es bestehe für den Schmied im Schmieden, für den Seemann in der Seefahrt, für den Reichen in der Mehrung des Reichtums.

DIE STADT IN DER WÜSTE

Denn von den Dingen lässt sich nichts erhoffen, wenn sie nicht gegenseitig aufeinander einwirken, und das allein ist Musik für das Herz.

DIE STADT IN DER WÜSTE

Ich kenne nur eine Freiheit,
und das ist die Übung der Seele.

DIE STADT IN DER WÜSTE

Hier ist mein Geheimnis.
Es ist ganz einfach:

Man sieht nur mit dem
Herzen gut. Das Wesentliche
ist für die Augen unsichtbar.

DER KLEINE PRINZ

»Die Menschen bei dir zu Hause«, sagte der kleine Prinz, »züchten fünftausend Rosen in ein und demselben Garten ... und doch finden sie dort nicht, was sie suchen ... Und dabei kann man das, was sie suchen, in einer einzigen Rose oder in einem bisschen Wasser finden ...«

DER KLEINE PRINZ

Deine Seele nährt sich
vom Sinn der Dinge,
nicht von den Dingen selbst.

DIE STADT IN DER WÜSTE

Die Erfahrung lehrt uns,
dass Liebe nicht
darin besteht, dass
man einander ansieht,
sondern dass man
gemeinsam in gleicher
Richtung blickt.

WIND, SAND UND STERNE

Nun ist aber die Liebe kein Schatz,
den man greifen könnte, sondern
eine Verpflichtung zwischen
dem einen und dem anderen.
Sondern Ertrag eines freiwillig
übernommenen Zeremoniells.
Sondern Gesicht der Wege
des Austausches.

DIE STADT IN DER WÜSTE

Der Mensch trägt etwas in sich,
das größer ist als er selber.

DIE STADT IN DER WÜSTE

Nur der Frau, die dir sagen kann: »Ich fühle mich ja so glücklich«, sollst du dein Haus für die Dauer deines Lebens öffnen, denn das Glück, das aus ihrem Gesichte spricht, ist Zeichen ihres Wertes, da es einem belohnten Herzen entspringt.

DIE STADT IN DER WÜSTE

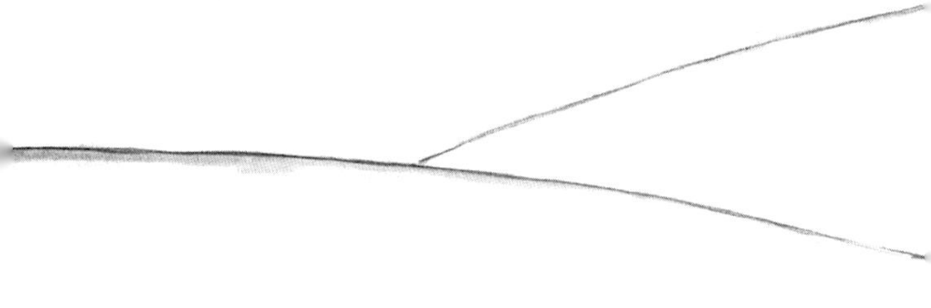

Was geht denn in mir vor?
Mein Gewicht bindet mich
an den Boden, wo doch alle
Sterne mich magnetisch
anziehen. Aber wieder ein
anderes Gewicht wirft mich
auf mich selbst zurück
und zieht mich zu so vielen
fernen Dingen.
Meine Träume sind wirklicher
als der Mond, als die Dünen,
als alles, was um mich ist.

WIND, SAND UND STERNE

Ich tauche in die Nacht
und ziehe meine Bahn.

WIND, SAND UND STERNE

Ich frage mich
nicht in erster Linie, ob
der Mensch glücklich
sein wird oder nicht,
sondern welcher
Mensch glücklich
sein wird.

DIE STADT IN DER WÜSTE

Wenn einer eine Blume liebt,
die es nur ein einziges Mal
gibt auf allen Millionen
und Millionen Sternen,
dann genügt es ihm völlig,
dass er zu ihnen hinaufschaut,
um glücklich zu sein.

DER KLEINE PRINZ

*Die wahre Freude
ist die Freude am andern.*

BEKENNTNIS EINER FREUNDSCHAFT

Der Mensch ist nichts als
ein Bündel von Beziehungen.
Die Beziehungen allein zählen
für den Menschen.

FLUG NACH ARRAS

Die Freundschaft ist (…) der große Austausch des Geistes, der sich über alle Kleinigkeiten des Alltags hinwegsetzt.

DIE STADT IN DER WÜSTE

»Bitte ...
zeichne mir ein Schaf ...!«

»Das ist die Kiste.
Das Schaf, das du willst,
steckt da drin.«

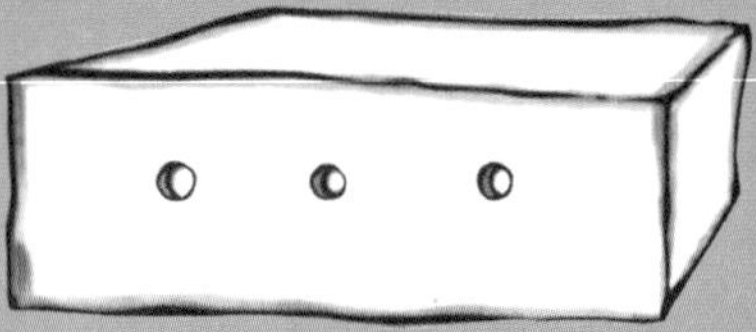

»Das ist ganz so,
wie ich es mir gewünscht habe.«

DER KLEINE PRINZ

Die wirkliche Liebe beginnt, wo keine Gegengabe mehr erwartet wird.

DIE STADT IN DER WÜSTE

Einer, der einen Liebesbrief schreibt, hält sich für glückselig, ohne dass es ihm auf die Tinte oder das Papier ankäme. Er sucht die Liebe weder im Papier noch in der Tinte.

DIE STADT IN DER WÜSTE

Es geht nicht um Ware,
die man einsparen könnte,
sondern um Regungen des
Herzens. Denn Schenken
ist ein Brückenschlag über den
Abgrund deiner Einsamkeit.

DIE STADT IN DER WÜSTE

Wenn du, mein Freund, etwas
voller Liebe von mir empfängst,
so ist es, als wenn du den
Botschafter meines inneren
Reiches willkommen hießest!
Und du behandelst ihn
freundlich und bittest ihn,
sich zu setzen, und hörst ihn an.
Und so sind wir glücklich.

DIE STADT IN DER WÜSTE

Und wenn ich eine Blume
kenne, die es in der ganzen
Welt nur ein einziges Mal gibt,
nirgends anders als auf meinem
kleinen Planeten, und wenn ein
kleines Schaf, ohne zu wissen,
was es tut, diese Blume eines
Morgens so mit einem einzigen
Biss auslöschen kann –
das soll nicht wichtig sein?!

DER KLEINE PRINZ

Du liebst,
weil du liebst.
Es gibt keinen Grund
für deine Liebe.

DIE STADT IN DER WÜSTE

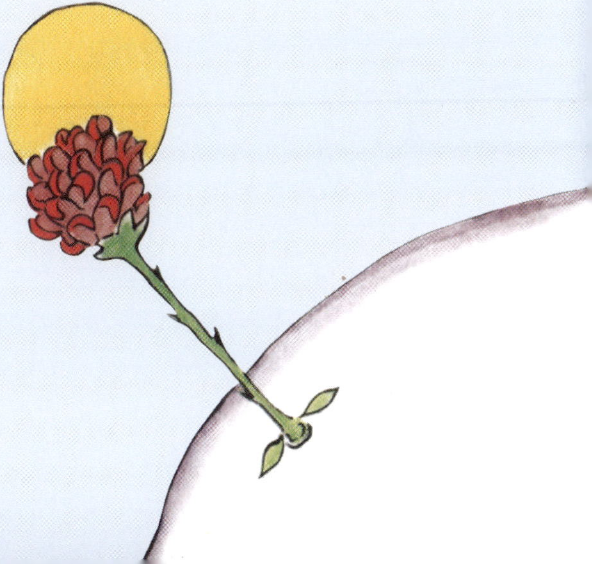

Ich bin ganz Wachsamkeit,
auf hoher See. Nicht Geduld,
denn es handelt sich nicht
um ein Ziel; der Weg ist es,
der die Freude gebiert.

DIE STADT IN DER WÜSTE

Ich ging an das Ufer des
Meeres, um Atem zu holen.

BEKENNTNIS EINER FREUNDSCHAFT

Wozu umkehren?
Ich will nicht umlenken,
wo ich vielleicht kurz
vor der Freiheit stehe,
wo ich vielleicht
gleich die Arme nach
dem Meer ausstrecken
kann …

WIND, SAND UND STERNE

»Was bedeutet ›zähmen‹?«

»Zähmen, das ist eine in Vergessenheit geratene Sache«, sagte der Fuchs.

»Es bedeutet,
sich ›vertraut machen‹.«

DER KLEINE PRINZ

»Noch bist du für mich nichts als ein kleiner Junge, der hunderttausend kleinen Jungen völlig gleicht. Ich brauche dich nicht und du brauchst mich ebenso wenig.
Ich bin für dich nur ein Fuchs, der hunderttausend Füchsen gleicht.

Aber wenn du mich zähmst, werden wir einander brauchen. Du wirst für mich einzig sein in der Welt. Ich werde für dich einzig sein in der Welt …«

DER KLEINE PRINZ

Und ich lege keinen Wert darauf, die Formeln, die das Glück umschreiben, miteinander zu vergleichen. Das Leben ist das, was es ist.

DIE STADT IN DER WÜSTE

Erschaffen bedeutet, dass du den anderen in eine Lage versetzt, von der aus er die Welt sieht, wie du es wünschst, nicht aber, dass du ihm eine neue Welt anbietest.

DIE STADT IN DER WÜSTE

Ich bin der Knoten, der
das Reich zusammenhält, und
ich habe für dich ein Gebet
ersonnen. Und ich bin der
Schlussstein einer bestimmten
Freude an den Dingen.
Und ich verknüpfe dich.
Und so bist du nicht mehr
einsam.

DIE STADT IN DER WÜSTE

Nichts wiegt den Schatz
so vieler gemeinsamer
Erinnerungen auf, gemeinsam
durchgemachter schlimmer
Stunden, Zerwürfnisse,
Versöhnungen, und die
Augenblicke, in denen das
Herz warm wurde.
Solche Freundschaften lassen
sich nicht anfertigen.

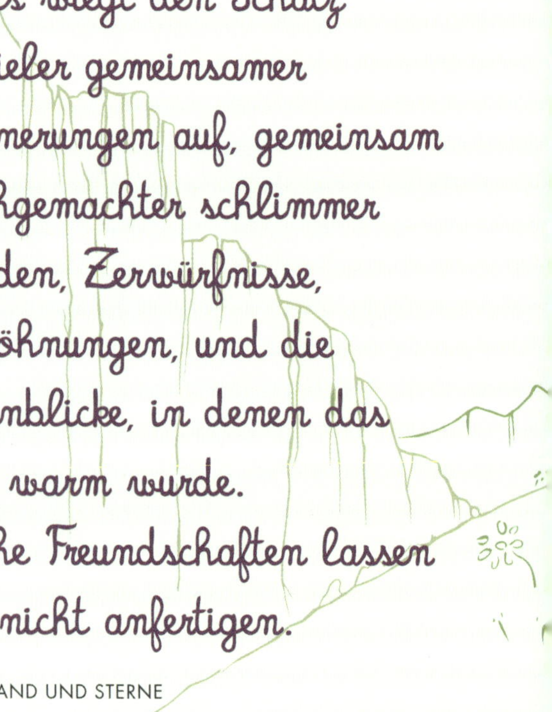

WIND, SAND UND STERNE

Wenn ich auch anders bin als du, so bin ich doch weit davon entfernt, dich kleiner zu machen; ich mache dich vielmehr größer.

BEKENNTNIS EINER FREUNDSCHAFT

Es gibt nur eine wahrhafte Freude: den Umgang mit Menschen.

WIND, SAND UND STERNE

Nimm Platz an meiner Seite,
denn du existierst.

DIE STADT IN DER WÜSTE

Du wirst immer mein Freund sein. Du wirst Lust haben, mit mir zu lachen.

DER KLEINE PRINZ

Wenn uns ein außerhalb unseres Ichs liegendes gemeinsames Ziel mit anderen Menschen brüderlich verbindet, dann allein atmen wir frei.

WIND, SAND UND STERNE

Denn nur das, was dir außerhalb deiner verströmenden Tage gewährt wird, erfüllt dich mit einem Glück, bei dem du keine Abnutzung zu befürchten brauchst (...).

DIE STADT IN DER WÜSTE

»Ach!,
ich bin kaum aufgewacht …
Ich bitte um Verzeihung …
Ich bin noch ganz zerrauft …«

»Wie schön Sie sind!«

»Und ich bin zugleich
mit der Sonne geboren ...«

DER KLEINE PRINZ

Geh die Rosen wieder anschauen.
Du wirst begreifen, dass die deine
einzig ist in der Welt.

DER KLEINE PRINZ

Die wahre Liebe:
ein Gewebe von Bindungen,
das einen werden lässt.

FLUG NACH ARRAS

Ich kann nicht über die Liebe
wie über einen Vorrat verfügen:
Sie ist vor allem Betätigung
meines Herzens.

DIE STADT IN DER WÜSTE

Wenn du von Glück sprichst,
sprichst du entweder von
einem Zustand des Menschen,
in dem er glücklich ist,
so wie er gesund ist (...),
oder du sprichst von einem
erreichbaren Gegenstand, dessen
Besitz ich wünschen könnte.
Und wo ist er zu finden?

DIE STADT IN DER WÜSTE

Wenn du zum Beispiel um
vier Uhr nachmittags kommst,
kann ich um drei Uhr anfangen,
glücklich zu sein. Je mehr die
Zeit vergeht, umso glücklicher
werde ich mich fühlen. Um
vier Uhr werde ich mich schon
aufregen und beunruhigen;
ich werde erfahren, wie teuer
das Glück ist. Wenn du aber
irgendwann kommst, kann ich
nie wissen, wann mein Herz
da sein soll … Es muss feste
Bräuche geben.

DER KLEINE PRINZ

Ich möchte einen
Sonnenuntergang sehen ...
Machen Sie mir die Freude ...
Befehlen Sie der Sonne
unterzugehen ...

DER KLEINE PRINZ

Plötzlich wusste ich,
was es war, und gab mich
mit geschlossenen Augen dem
Zauber meiner Erinnerung hin.

WIND, SAND UND STERNE

Ich werde eine Hymne
auf die Stille schreiben.
(…) Stille, die dich bei
der Entfaltung deiner
Gedanken behütet. (…)
Stille der Gedanken,
die ihre Flügel breiten,
denn es ist schlecht,
wenn du in deinem Geiste
oder deinem Herzen
unruhig bist.

DIE STADT IN DER WÜSTE

Wenn du bei Nacht
den Himmel anschaust,
wird es dir sein, als
lachten alle Sterne,
weil ich auf einem von
ihnen wohne, weil ich auf
einem von ihnen lache.
Du allein wirst Sterne
haben, die lachen können!

DER KLEINE PRINZ

Ich bin dein Sinn.
Mit einer Sehnsucht
verzaubere ich deine Wüste.
Ich öffne dir die Liebe.
Aus einem Duft bilde ich
ein Reich.

DIE STADT IN DER WÜSTE

Ich kenne aber die Liebe und
weiß: Sie besteht darin, dass
keine Frage mehr gestellt wird.
Und ich überwinde Gegensatz
um Gegensatz und schreite
auf die Stille aller Fragen zu,
so finde ich die Seligkeit.

DIE STADT IN DER WÜSTE

Wir können nur dann in Frieden
leben und in Frieden sterben,
wenn wir uns unserer Rolle
ganz bewusst werden,
und sei diese auch
noch so unbedeutend und
unausgesprochen.
Das allein macht glücklich.

WIND, SAND UND STERNE

Noch hatte das Land im blonden Abendlicht einen Körper, aber er begann sich zu verflüchtigen. Nichts, aber auch nichts auf der Welt ist so kostbar wie diese Stunde.

WIND, SAND UND STERNE

Vollkommenheit ist offensichtlich nicht dann erreicht, wenn man nichts mehr hinzuzufügen hat, sondern wenn man nichts mehr wegnehmen kann.

WIND, SAND UND STERNE

Das Leben ist weder
einfach noch verzwickt,
weder klar noch dunkel,
weder widerspruchsvoll
noch zusammenhängend.
Das Leben ist.

DIE STADT IN DER WÜSTE

Was mich an diesem kleinen eingeschlafenen Prinzen so sehr rührt, ist seine Treue zu einer Blume, ist das Bild einer Rose, das ihn durchstrahlt wie die Flamme einer Lampe, selbst wenn er schläft …

DER KLEINE PRINZ

Denn die Arme der
Liebe halten dich gut,
sie halten deine
Gegenwart, deine
Vergangenheit, deine
Zukunft, die Arme
der Liebe umfassen
dich ganz ...

SÜDKURIER

Denn ein Schiff erschaffen
heißt nicht, die Segel hissen,
die Nägel schmieden,
die Sterne lesen, sondern die
Freude am Meer wachrufen,
(…) und wo sie herrscht,
gibt es keine Gegensätze mehr,
sondern nur Gemeinsamkeiten
in der Liebe.

DIE STADT IN DER WÜSTE

Das, worauf es im Leben ankommt, können wir nicht voraussehen.
Die schönste Freude erlebt man immer da, wo man sie am wenigsten erwartet.

WIND, SAND UND STERNE

Der Nachtflug mit seinen hunderttausend Sternen, die lichte Heiterkeit, das herrliche Gefühl einiger Stunden lassen sich für Geld nicht kaufen.

WIND, SAND UND STERNE

Die Sterne sind schön,
weil sie an eine Blume erinnern,
die man nicht sieht ...

DER KLEINE PRINZ

Die Zukunft soll man nicht voraussehen wollen, sondern möglich machen.

DIE STADT IN DER WÜSTE

Ich wünsche dich
beständig und
fest gegründet.
Ich wünsche dich treu.
Denn Treue ist vor allem
Treue zu sich selbst.

DIE STADT IN DER WÜSTE

Man darf den Blumen nicht zuhören, man muss sie anschauen und einatmen.

DER KLEINE PRINZ

Das Glück war doch
das Streben, das etwas
zu erlangen suchte.
Seht die Pflanze,
die ihre Blüten bildet.
Ist sie glücklich, weil sie
die Blüte gebildet hat?
Nein. Sie ist nur vollendet.

DIE STADT IN DER WÜSTE

Ich, der ich sehe und verstehe,
weil ich im Schweigen meiner
Liebe nicht auf die Worte höre –
ich habe erkannt, dass nichts für
den Menschen den gleichen Wert
hat wie der Duft des Wachses
an einem bestimmten Abend,
wie eine goldene Biene in einer
bestimmten Morgenröte, wie
eine schwarze Perle auf dem
Meeresgrund, die du nicht besitzt.

DIE STADT IN DER WÜSTE

Gewiss, ein Irgendwer, der
vorübergeht, könnte glauben,
meine Rose sei euch ähnlich.
Aber in sich selbst ist sie
wichtiger als ihr alle, da sie es
ist, die ich begossen habe.
Da sie es ist, die ich klagen
oder sich rühmen gehört habe
oder auch manchmal schweigen.
Da es meine Rose ist.

DER KLEINE PRINZ

Deine gesamte Vergangenheit ist nur eine Geburt des heutigen Tages. Sie ist so und nicht anders. Nimm sie, wie sie ist, und verrücke nicht die Berge darin. Sie sind, wie sie nun einmal sind.

DIE STADT IN DER WÜSTE

Und je mehr ich wachse,
so wie ein Baum wächst,
umso mehr gewinne ich an Tiefe.

DIE STADT IN DER WÜSTE

Ach, das Wunder des heimatlichen
Hauses besteht nicht darin, dass es
uns schützt und wärmt, es besteht
auch nicht im Stolz des Besitzes.
Seinen Wert erhält es dadurch,
dass es in langer Zeit einen Vorrat
von Beglückung aufspeichert,
dass es tief im Herzen die dunkle
Masse sammelt, aus der wie
Quellen die Träume entspringen.

WIND, SAND UND STERNE

Der kleine Prinz deckt seine
Blume jede Nacht mit seinem
Glassturz zu und er gibt
auf sein Schaf gut acht.
Dann bin ich glücklich.
Und alle Sterne lachen leise.

DER KLEINE PRINZ

Versuche, glücklich zu sein ...

DER KLEINE PRINZ

Le Petit Prince® Der Kleine Prinz®

Layout: Eva Schindler, Grafing
ISBN 978-3-8458-1503-9
2. Auflage

FSC
www.fsc.org
MIX
Papier aus verantwortungsvollen Quellen
FSC® C015559